En el juego
La vida de un atleta

T0136628

Diana Herweck

Consultores

Dr. Timothy Rasinski
Kent State University

Lori Oczkus
Consultora de alfabetización

Basado en textos extraídos de
TIME For Kids. *TIME For Kids* y el logotipo
de *TIME For Kids* son marcas registradas
de TIME Inc. Utilizados bajo licencia.

Créditos de publicación

Dona Herweck Rice, *Jefa de redacción*
Lee Aucoin, *Directora creativa*
Jamey Acosta, *Editora principal*
Lexa Hoang, *Diseñadora*
Stephanie Reid, *Editora de fotografía*
Rane Anderson, *Autora colaboradora*
Rachelle Cracchiolo, M.S.Ed.,
    Editora comercial

Créditos de imágenes: pág.13 Tony
Acosta; pág. 25 (arriba) BigStock; pág.
45 Dreamstime; págs.cover, 1, 15, 16, 17
(arriba), pág.25 (en medio) iStockphoto;
págs.12 (abajo), 17 (abajo); pág. 37 AFP/
Getty Images/Newscom; pág 3 Akihiro
Sugimoto/AFLO/Newscom; págs. 12,
(arriba) 19, 35 (arriba), 38, 39 (arriba) EPA/
Newscom; pág. 27 Everett Collection/
Newscom; pág. 25 (abajo) Michael Johnson/
Southcreek Global/Newscom; pág. 28
Newscom; págs. 7 (arriba), 18 (arriba), 20
(izquierda), 21 (abajo), 29 (arriba) REUTERS/
Newscom; págs. 14, 29 (abajo), 40–41 ZUMA
Press/Newscom; pág. 6–7 (abajo), 11 (arriba)
The Granger Collection; todas las otras
imágenes Shutterstock.

Teacher Created Materials

5301 Oceanus Drive
Huntington Beach, CA 92649-1030
http://www.tcmpub.com
ISBN 978-1-4333-7057-1
© 2013 Teacher Created Materials, Inc.
Printed in Malaysia
Thumbprints.42805

Tabla de contenido

Preparados, listos, ¡ya! 4

Puntuación alta 14

La universidad y más allá 24

Volverse profesional 28

Glosario 42

Índice 44

Bibliografía 46

Más para explorar 47

Acerca de la autora 48

Preparados, listos, ¡ya!

¡Apunta a la canasta! ¡Tira!
¡Corre hacia la base! ¡Deslízate!
¡Mete gol! ¡Marca!
¡Y la multitud enloquece!

Los niños practican deportes en China, Brasil, Francia y Kenia. ¡Los niños practican deportes en todos los países del mundo! Muchos niños se consideran atletas. Es su pasión en la vida y preferirían estar practicando un deporte a hacer cualquier otra cosa. Si piensas que practicar deportes es prácticamente lo mejor del mundo, probablemente también seas un atleta.

PARA PENSAR

Imagina que eres un atleta.

➤ ¿Qué destrezas necesitas tener?
➤ ¿Cómo te preparas para el reto?
➤ ¿Por qué es tan importante el entrenamiento?

Amor por el deporte

Sientes que el sol te golpea la espalda mientras agarras el bate. El pitcher se está preparando para lanzar la bola hacia ti. Las bases están preparadas. Te concentras en la bola que se dirige hacia ti. *¡ZAS!* Golpeas la pelota, mandándola fuera del parque. ¡Qué sensación más maravillosa!

Algunos niños adoran los deportes porque les hacen sentir bien. Ya seas el mejor jugador de tu equipo o el jugador con más espíritu de equipo, los deportes son saludables para el cuerpo y la mente. Practicar deportes mantiene a tu cuerpo en buena forma. Tonifica los músculos y quema la grasa. También mantiene la mente en buena forma trabajando en tu **confianza**. Es importante aprender a trabajar en equipo y predecir las reacciones de tus **competidores**. Con tantos deportes para elegir, ¡seguro que encuentras uno que te gusta!

Larry Doby, el primer jugador afroamericano en la liga estadounidense

Hablemos de dinero

El béisbol fue el primer deporte de equipo que se jugó profesionalmente. En 1869, los jugadores ganaban unos 800 dólares por temporada. En la actualidad, la cantidad más baja que un jugador puede ganar es 300,000 dólares al año. ¡Y algunos jugadores ganan hasta 30 millones de dólares!

Billy Sunday, uno de los primeros atletas profesionales

¡Listo para batear!

¿Te puedes imaginar tu cara en una carta de béisbol? ¡Podría ocurrir! Algunos niños empiezan a jugar al béisbol desde los cuatro años. Van progresando desde *T-ball* a las grandes ligas: esto es, las grandes ligas para niños. Cuando los niños tienen entre 9 y 12 años, pueden jugar en primera **división** de la liga para niños de béisbol. Pueden incluso llegar al Equipo de estrellas de la liga infantil y jugar en un **torneo** internacional. Esto significa que jugarán contra niños de otros países. Los mejores equipos que van a la liga infantil de la Serie mundial de béisbol.

En la carretera

Los jugadores de la primera división de béisbol juegan 162 partidos por temporada. Lo que supone unos tres o cuatro partidos por semana entre los meses de abril y octubre. Muchos de esos partidos se juegan en su propio estadio. Pero muchos otros no. ¡Esto significa que los jugadores viajan a diferentes ciudades y estados, a veces incluso países, para jugar al béisbol!

¿Cuántas millas viajó este equipo en 4 días?

1,822 millas

A

Estadio Ángel

Expertos extremos

Algunos equipos toman autobuses para ir de un partido a otro. Otros equipos, el avión. Duermen cada pocos días en un nuevo hotel, a veces cada día. Las únicas pertenencias que los atletas pueden llevar consigo son las que caben en una maleta. Viajan con frecuencia y extrañan a sus familias. Algunos atletas utilizan una cámara web para hablar con sus familias. O se mantienen en contacto por teléfono.

Estadio Yankee

206 millas

981 millas

Parque Fenway

Estadio Busch

El acto de equilibrio

Tienes los brazos extendidos hacia los lados y pareces un pájaro volando. Intentas no caer en las colchonetas que hay debajo. Te ha llevado mucha práctica poder mantenerte de pie en la **barra de equilibrios**, sin caer, y ahora ya eres un profesional. Quizá incluso ganes algunas competiciones.

Algunos niños empiezan la **gimnasia** cuando tienen tres o cuatro años. Empiezan con clases de volteretas y aprenden como hacer volteretas hacia adelante y hacia atrás, a hacer el pino y la voltereta lateral. Luego aprenden el **salto** con barras. Los ejercicios de suelo implican el baile y las volteretas al ritmo de la música.

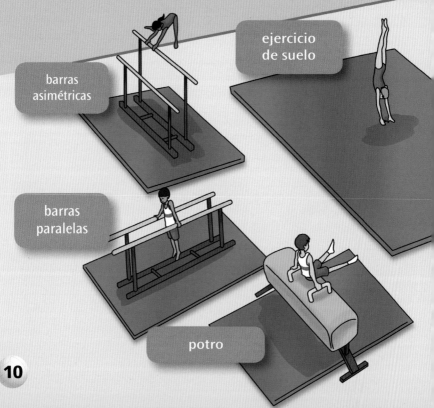

ejercicio de suelo

barras asimétricas

barras paralelas

potro

Triple oro

En 1976, Nadia Comaneci, una gimnasta de Rumanía, tenía solo 14 años cuando ganó tres medallas olímpicas de oro.

En el suelo

Chicos y chicas compiten en diferentes estilos de gimnasia. Las chicas practican con las barras asimétricas, las barras de equilibrios, el salto y ejercicios de suelo. En lugar de las barras asimétricas, los chicos hacen la barra elevada y las barras paralelas. También hacen el salto del **potro** y los aros.

salto

aros

barra de equilibrios

Días largos

Los jóvenes atletas tienen mucho que hacer. Hacen todo lo que los demás jóvenes, y más. Su día empieza temprano, a veces antes de las 6:00 a. m. Esto les permite entrenar antes de que empiecen las clases. Los atletas más consagrados ni siquiera van a la escuela. Contratan a **tutores** en su lugar. De esa manera, pueden entrenarse por la mañana y estudiar más tarde.

La próxima vez que vayas al circo, presta mucha atención a los trapecistas. Muchos de ellos también han sido entrenados en la gimnasia.

La gimnasia femenina no se consideró un deporte olímpico hasta 1928.

Un serio sacrificio

¿Qué se necesita para ser un buen atleta? Los atletas de cualquier edad y deporte saben que conlleva muchas horas, sudor e incluso sangre y lágrimas. Averigua más gracias al atleta profesional y colegiado Tony Acosta.

¿Qué sacrificios hiciste como atleta?
Competir al más alto nivel requirió muchas horas de práctica, muchas horas en el gimnasio para ponerme más fuerte y una dieta estricta. Tenía menos tiempo para hacer tarea y muy poco tiempo con mis amigos y mi familia.

¿Mereció la pena?
No hay duda de que mis sacrificios fueron recompensados. Recibí una beca para la universidad y me convertí en atleta profesional durante un tiempo. Ser un atleta mejoró mi ética de trabajo y destrezas de liderazgo. Me hizo que quisiera mejorarme constantemente. Aún conservo esos valores actualmente, ya sea practicando un deporte o trabajando en la oficina.

¿Qué le dirías a un joven atleta que quiere ser el mejor?
A menudo ocurre que el mejor atleta no es el que más talento natural tiene. El mejor atleta es normalmente la persona que elije poner el tiempo y el esfuerzo que se requiere para ser el mejor. Ser el mejor conlleva tomar la decisión de ser el mejor y mantener ese compromiso (incluso cuando sientes ganas de tirar la toalla).

Tony Acosta
infielder

Puntuación alta

Los deportes tienen una gran importancia en las vidas de muchos estudiantes de la escuela secundaria. Los atletas en la escuela secundaria se entrenan duramente para desarrollar sus destrezas. Desarrollan sus músculos para poder jugar con más fuerza y más rápido. Las competiciones se vuelven más difíciles y los atletas trabajan duramente para mejorar su rendimiento.

"No dejes que lo que no puedes hacer interfiera con lo que sí puedes hacer".
—John Wooden, entrenador legendario

Tirando a la canasta

Un jugador de baloncesto de la escuela secundaria tiene que estar en muy buena forma. Cada jugador tiene que correr a lo largo de la pista. **Regatear**, bloquear, pasar y recuperar el balón requiere mucha energía.

Ser jugador de baloncesto no es sencillo. Primero, los jugadores asisten a clase durante todo el día. Puede que tengan que hacer sus tareas durante la hora del almuerzo. Después, tienen más clases. Después de clase, los jugadores corren hacia sus taquillas para equiparse para el entrenamiento de baloncesto.

¡MÁS EN PROFUNDIDAD!

No hay tiempo que perder

Los atletas en la escuela preparatoria deben aprender a estudiar tanto como se entrenan. Así es como lo hacen.

DÍAS	8:00-12:00 P. M.	12:00-2:00 P. M.	2:00-4:00 P. M.
DOMINGO			
LUNES	clase	clase	entrenamiento con pesas
MARTES	clase	estudio	estudio
MIÉRCOLES	clase	clase	entrenamiento con pesas
JUEVES	clase	clase	estudio
VIERNES	clase	clase	estudio
SÁBADO		estudio	

Ganar letras

Conseguir una chaqueta para atletas es algo especial. Para ello, primero tienes que entrenarte durante mucho tiempo para convertirte en un gran atleta. Después, tienes que conseguir entrar en el equipo de los mejores jugadores de la escuela. Si demuestras tus destrezas y te esfuerzas mucho, ganarás una letra. La letra es la o las iniciales de tu escuela. ¡Cualquiera que te vea con la chaqueta de atleta puesta, sabrá que eres un gran atleta!

4:00-6:00 P. M.	6:00-7:00 P. M.	7:00-9:00 P. M.
entrenamiento con el equipo	cena	estudio
siesta y refrigerio	noche de partido	noche de partido
entrenamiento con el equipo	correr, saltar, sentadillas	estudio y cena
entrenamiento con el equipo	cena	estudio
siesta y refrigerio	noche de partido	noche de partido
correr por la playa	cena	

Los atletas se entrenan en lugares diferentes, como la playa o las montañas, para reforzar músculos diferentes.

Respiraciones profundas

¿Cuánto tiempo puedes aguantar la respiración bajo el agua? Ahora, piensa cuanto tiempo puedes aguantar la respiración mientras nadas lo más rápido que puedas. Los nadadores son capaces de aguantar la respiración bajo el agua durante mucho más tiempo que una persona normal. Una parte del entrenamiento de los nadadores es desarrollar unos pulmones potentes. Cuantas menos respiraciones efectúe un nadador durante una carrera, más rápido terminará.

Capacidad de llenado

La **capacidad pulmonar total** es la cantidad de aire que cabe en tus pulmones en una sola respiración. Una persona media puede respirar seis litros de aire de un solo golpe. Michael Phelps, nadador olímpico, puede respirar 12 litros de aire de un solo golpe.

Michael Phelps, ganador de 14 medallas de oro olímpicas.

Sumérgete

Todavía está oscuro y hace frío en la calle cuando el equipo de natación llega a la escuela por la mañana. Por suerte, la temperatura de la piscina es más elevada que la de la calle. Los nadadores pasan 90 minutos en la piscina antes de que las clases empiecen. Tras el entrenamiento, se comen un pequeño desayuno. Entonces, acuden a clase durante el resto del día. Un par de días a la semana se entrenan en la calle. Efectúan un entrenamiento de fuerza y **núcleo**. Corren sobre la pista y trabajan las piernas.

Un ojo en los tiempos

La natación competitiva se cronometra utilizando un cronómetro de alta precisión. El cronómetro marca el tiempo en centésimas de segundos. Los nadadores se entrenan mucho para mejorar sus tiempos en cantidades minúsculas. Una fracción de segundo podría suponer la diferencia entre primer y segundo lugar.

Incluso alguien con necesidades especiales puede disfrutar de los deportes en su vida.

La temporada de natación discurre entre febrero y mayo. Los equipos tienen **encuentros** de natación una o dos veces por semana. Durante la temporada de descanso, muchos nadadores compiten en clubes o juegan al **polo acuático**.

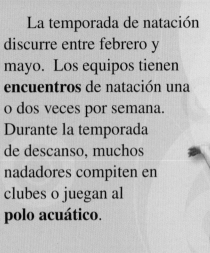

Los compañeros de equipo de polo acuático se chocan las manos tras marcar un punto.

En la piscina

El equipo de natación va a la piscina casi todas las mañanas y tardes. Allí, cada nadador practica un tipo distinto de natación o **estilo**.

La natación a estilo **libre** es el movimiento más sencillo para nadar en largas distancias. Los nadadores nadan con la cabeza hacia adelante, empujando el agua con las manos. Respiran por el lado cuando los brazos se separan de la cabeza.

En el estilo de **espalda**, los nadadores están bocarriba en el agua e intentan mantener el cuerpo lo más plano posible. Los brazos se mueven de arriba hacia detrás de la cabeza para moverse a través del agua. Las piernas patalean de arriba a abajo.

¿Qué estilo crees que requiere más energía?

¿Cuál crees que es la diferencia entre entrenar en una piscina, el océano o un lago?

¿En qué sentido crees que cronometrar es importante para estos estilos?

El estilo de **braza** es muy útil en las aguas violentas y agitadas del mar o del océano. Los brazos impulsan el agua mientras las piernas se extienden como las de una rana. La cara se mantiene fuera del agua.

El estilo **mariposa** es similar a la natación a braza pero solo se utiliza en competición. En lugar de empujar los brazos a través del agua, los brazos salen del agua y empujan el agua hacia abajo y hacia los lados. Las piernas se extienden a la vez de la misma manera que los delfines usan la cola para nadar.

La universidad y más allá

Si creías que en la preparatoria se entrenaba mucho, espera a llegar a la universidad. No importa qué deportes te interesen, es muy posible que puedas encontrar un equipo en la universidad. Hay equipos de bolos y de golf. Hay incluso equipos de balonmano y de *roller derby*. Algunas personas juegan en equipos de *curling*. ¡Si eres lo suficientemente bueno, quizá puedas dedicarte profesionalmente a un deporte después de graduarte!

Fútbol americano

Las temporadas de fútbol americano universitario discurren entre septiembre y enero. Aunque los entrenamientos continúan durante mucho más tiempo. Los jugadores de fútbol americano universitario llegar al campus antes que la mayoría de los estudiantes. Mientras que la mayoría de los estudiantes llegan en septiembre, los jugadores están listos en agosto. Antes del comienzo de la temporada, pasan un mes en un campamento. Se pasan los días entrenando y discutiendo **estrategias**.

¿Hambriento?

¿Sabías que un jugador universitario de fútbol americano puede comer hasta 10,000 calorías al día? Eso es como comer más de una docena de huevos, una libra de tocino, cuatro platos de hamburguesa y patatas fritas combinados, tres batidos grandes de chocolate, un costillar, un galón de leche, cuatro refrescos y un cubo grande de palomitas. Por supuesto, los mejores atletas elijen comida sana para alimentar a sus cuerpos.

Los jugadores de fútbol americano utilizan almohadillas de placaje.

Vóleibol

El vóleibol es un deporte excitante para practicar. Se puede jugar al vóleibol durante todo el año. Se puede jugar en una pista cubierta o en la playa. Los equipos que juegan en la playa solo tienen dos jugadores. Los equipos que juegan en pista tienen seis jugadores. Un equipo sirve el balón al otro equipo. Los jugadores intentan que el balón no toque el suelo de su lado de la red. E intentan hacer que toque el suelo del lado del otro equipo. Sirven, **pelotean**, y pasan el balón. Bloquean, saltan, y hacen *digs*. El juego avanza muy rápido y los jugadores han de estar en muy buena forma. Cuando los equipos de vóleibol compiten, se llama *match*.

Partido mundial

El vóleibol fue inventado en los Estados Unidos, pero es popular en todo el mundo. En 1964, el equipo femenino japonés se convirtió en campeón olímpico. Actualmente, Cuba tiene un equipo muy bueno.

Permanecer erguido

Los jugadores altos tienen ventaja en muchos deportes y el vóleibol es a menudo uno de ellos. La campeona olímpica Kerri Walsh es conocida como Six Feet of Sunshine (seis pies de brillo). Ha ganado dos medallas de oro.

Volverse profesional

Los deportes que amas pueden convertirse en tu **carrera**. ¿Has soñado alguna vez con convertirte en un jugador de primera división de béisbol? ¡Puedes comenzar a entrenarte como atleta **profesional** ahora mismo! O puedes competir en los juegos olímpicos, la mayor competición del mundo.

Por supuesto, no todo es diversión y juegos. Entrenarse como atleta lleva tiempo y **dedicación**. Conlleva mucho trabajo duro y **sacrificio**. Cuando algunos chicos están viendo la televisión o jugando a videojuegos, un atleta se está entrenando. Cuando los otros niños terminan sus tareas y van a descansar, un atleta se apresura hacia el campo de entrenamiento. Sin embargo, si le preguntas a un atleta, el trabajo duro y el sacrificio merecen la pena.

Propulsa tu carrera

Si quieres convertirte en atleta profesional, necesitarás comenzar a entrenarte ahora. Muchas escuelas tienen equipos de fútbol americano, atletismo, fútbol, béisbol, baloncesto y tenis. Las grandes escuelas pueden tener incluso natación y polo acuático, golf, lucha, vóleibol y hockey. Muchas tienen equipos de animadoras y de baile también. Si te gustan los deportes, serás capaz de encontrar un equipo al que unirte.

El desafío definitivo

Los Juegos Olímpicos son el acontecimiento más prestigioso para cualquier atleta. Se celebran cada dos años en un país distinto. Los atletas olímpicos tienen el honor de representar sus países y demostrar sus destrezas. Observa algunos de los deportes más populares.

JUEGOS OLÍMPICOS DE VERANO

Los Juegos Olímpicos de verano requieren condiciones climáticas templadas.

El tiro con arco requiere un arco, flecha y una puntería excelente.

La lucha se practica entre dos oponentes que prueban su fuerza el uno contra el otro en una colchoneta blanda.

La esgrima es un deporte antiguo que se practica con una espada.

Los Juegos Olímpicos de invierno incluyen deportes que se practican en el hielo y la nieve.

El patinaje de velocidad es una forma excitante de competir en una pista de hielo ovalada.

El patinaje sobre hielo es uno de los deportes olímpicos más bellos.

El snowboard es como esquiar en un esquí ancho.

Tenis

El tenis profesional es un deporte muy popular. Pero, solo porque un a un atleta le guste un deporte determinado, no significa que sea lo único que haga. Los jugadores profesionales de tenis hacen mucho más que jugar al tenis. Como otros atletas, necesitan desarrollar la fuerza, **capacidad**, potencia y **resistencia**. Pueden hacer esto practicando tenis con otros jugadores, lo que hacen durante unas pocas horas al día. También hacen **ejercicios cardiovasculares** y entrenamiento de fuerza durante una hora o dos cada día. Caminan y corren lo máximo posible, subiendo por las escaleras, en lugar de tomar el ascensor. E incluso puede que hagan **yoga** como entrenamiento general.

"Si no eres un competidor, mejor vete a casa".
—Venus Williams

Jóvenes profesionales

Muchos atletas profesionales empezaron a practicar deportes cuando eran muy jóvenes. Las estrellas del tenis Serena y Venus Williams empezaron a jugar al tenis antes de cumplir si quiera cinco años. Las dos hermanas se hicieron profesionales a los 14 años.

Pisa a fondo

¿Has visto alguna vez una carrera de **motocross** con motos saltando por los aires? Quizá pienses que los pilotos practican montando con sus motos por caminos de tierra y saltos durante todo el día. En realidad hacen mucho más que eso. Como los demás atletas, los pilotos de motocross tienen que acondicionar sus cuerpos. Hacen esto mediante entrenamiento con pesas, atletismo, ciclismo y más. Se centran en desarrollar su fuerza y velocidad. También desarrollan la **coordinación** y la potencia.

Los pilotos de motocross no solo montan en sus motos y compiten. Se estiran y dan un paseo primero. Esto relaja sus cuerpos para que no estén entumecidos. ¡Un cuerpo entumecido puede provocar que la carrera se haga incomoda! Los pilotos de motocross también tienen que controlar lo que comen. Comer sano y estar en buena forma hará más fácil respirar cuando estén compitiendo. Los mejores pilotos mantienen el cuerpo en plena forma.

Arranquen los motores

Si quieres correr rápido, pero no quieres montar en moto, puedes competir con vehículos. Aunque quizá seas demasiado joven para conducir un vehículo todavía, puedes practicar con un kart.

Marvin Musquin celebrando haber ganado una carrera de motocross.

Una carrera de motocross dura habitualmente unos 30 minutos.

Entra en el juego

Así que has decidido que quieres ser un atleta profesional. Nunca es demasiado tarde para empezar a entrenar. Entra en un equipo y empieza a practicar de manera regular. No necesitas entrenar todos los días, pero sí es necesario hacerlo a menudo. Es importante probar otros deportes, también. Correr. Escalar. Prueba algo nuevo.

Cuida tu cuerpo dándole el alimento que necesita para rendir. Come alimentos saludables y duerme lo suficiente. Si estudias mucho y te entrenas a menudo, ¡quizá te encuentres entrando en el mundo del deporte profesional!

Final del partido

Los atletas a menudo se retiran entre los 20 y los 30 años. Muchos se retiran porque han sufrido lesiones graves. Muchos encuentran una profesión muy relacionada con el deporte que aman. Pueden convertirse en entrenadores, escritores periodistas deportivos, o **agentes**.

Conoce a un atleta olímpico

TIME For Kids entrevista a Apolo Anton Ohno, patinador olímpico de velocidad

Por Gabe Roy, reportero infantil de TFK

Imagina prepararte para una carrera de 40 segundos que podría cambiar tu vida. Apolo Anton Ohno es un patinador de velocidad famoso en todo el mundo. Con ocho medallas, tiene el récord para un atleta de Juegos Olímpicos de invierno de Estados Unidos. Ohno ganó una medalla de plata y dos de bronce en la competición de patinaje de velocidad en pista corta de los Juegos Olímpicos de 2010. Ohno también participó en los Juegos Olímpicos de 2002 y 2006, donde se llevó medallas de oro, plata y bronce. Ser un patinador de velocidad implica muchísima práctica (entre 8 y 12 horas al día), según Ohno. Averigua más acerca de qué se necesita para vivir el sueño olímpico en esta entrevista exclusiva.

TFK: ¿Cómo te empezaste a interesar por el patinaje de velocidad?

Ohno: Asistí a una competición de patinaje de velocidad en los Juegos Olímpicos con mi padre, cuando tenía 12 años y pensé que era lo más impresionante que había visto en mi vida. No pensé que fuera real. Creía que eran pequeños súper héroes compitiendo en una pista con patines. Fue en ese momento cuando me aficioné por primera vez.

TFK: Cuando eras niño, ¿practicabas patinaje de velocidad? Si no, ¿qué actividades realizabas cuando eras pequeño?

Ohno: No practicaba patinaje de velocidad. Practicaba deportes. Era nadador. Patinaba con patines en línea, pero hacía *jamskating* [una mezcla de baile, patinaje y gimnasia]. No sé si eso cuenta.

TFK: ¿Cuando tuvo lugar tu primera carrera nacional de patinaje de velocidad y cómo te sentiste?

Ohno: Mi primer campeonato nacional real fue cuando tenía 14 años. ¡Me sentí muy bien porque gané!

TFK: Antes de una carrera, ¿cómo afrontas los nervios, o no te pones nada nervioso?

Ohno: No se si me pongo nervioso alguna vez. Creo que más bien me pongo ansioso. Pero siempre ocurre e intento aprovecharme de ello. ¿Sabes?, me digo a mí mismo que es una reacción natural y que solo significa que me estoy preparando para la carrera.

Apolo Anton Ohno, patinador de velocidad, ha competido en tres Juegos Olímpicos de invierno.

TFK: ¿Qué te gustaría decirles a los jóvenes atletas de Estados Unidos?

Ohno: Les diría que hicieran realidad sus sueños y que se imaginen el camino que quieran tomar. Ya quieras convertirte en atleta, o concentrarte al cien por cien en la escuela y te dediques completamente a ello. Sé que es difícil, eres tan joven, pero date cuenta de que tienes una oportunidad de ser lo mejor que puedes cada día. Cree en ti mismo y no escuches a nadie que te diga que no puedes hacerlo.

TFK: ¿Qué te gusta hacer cuando no estás practicando patinaje de velocidad?

Ohno: ¡Me encanta comer! Cuando me estuve entrenando para los últimos Juegos Olímpicos, tuve que sacrificar mucha comida.

TFK: Si pudieras hacer que cualquier deseo se volviera realidad, ¿cuál sería?

Ohno: Bueno, ¡estoy viviendo un sueño! Estoy viviendo mi propio sueño. No cambiaría nada de mi vida ahora mismo. Todo ha ocurrido por una razón. Victoria, derrota o empate, todo forma parte del proceso. Así que intento disfrutar de cada paso que doy.

Los patinadores de velocidad se entrenan duramente para desarrollar músculos de las piernas fuertes.

Glosario

agentes: gente o empresas que actúan en nombre de otros

barra de equilibrio: una barra elevada que se utiliza para efectuar ejercicios de equilibrio

braza: un estilo de natación en que los brazos expulsan el agua mientras las piernas se mueven como las de una rana

capacidad: la posibilidad de soportar el estrés o las condiciones difíciles

capacidad pulmonar total: la cantidad de aire que cabe en tus pulmones en una sola respiración

carrera: una ocupación profesional

competidores: atletas en el equipo opuesto; aquellos que intentan conseguir mejores resultados que tú

confianza: creer en ti mismo

coordinación: conseguir que los diferentes miembros o partes del cuerpo trabajen juntos de manera fluida

curling: un deporte que se juega sobre hielo en el que cada equipo hace deslizar una piedra grande hacia una marca en el centro de un círculo

dedicación: tener devoción, lealtad o compromiso por algo o alguien

dig: una forma de juego defensivo que se efectúa con una pelota en rápido movimiento

división: una sección o categoría

ejercicios cardiovasculares: ejercicios que fortalecen el corazón

encuentros: competiciones

espalda: un estilo en natación en el que los brazos se mueven por arriba y por detrás de la cabeza para empujar el agua mientras las piernas patalean de arriba a abajo

estilo: los diferentes movimientos efectuados por los miembros del cuerpo para nadar

estrategias: planes para el éxito

gimnasia: un deporte competitivo en el que los atletas realizan ejercicios de equilibrio, fuerza y control

libre: un estilo de natación en el que los nadadores nadan con la cabeza hacia delante, empujando el agua con los brazos y respirando por el lado mientras los brazos se mueven hacia los lados de la cabeza

mariposa: un estilo de natación en que los brazos salen del agua y la expulsan hacia abajo y hacia los lados mientras las piernas patalean juntas de la misma manera que un delfín utiliza la cola para nadar

motocross: una carrera de motocicletas cronometrada en un circuito cerrado de caminos de tierra con colinas, saltos curvas cerradas y a menudo un terreno embarrado

núcleo: los músculos alrededor del estómago, espalda y pelvis

pelotean: intercambian varios pases hasta que se gana el punto

polo acuático: un deporte de agua que se practica en una piscina; parecido al fútbol, pero la pelota se lanza con las manos, en lugar de con los pies

potro: un aparato recubierto de material blando utilizado en gimnasia para el balanceo y el equilibrio

profesional: persona que se dedica a una actividad como su trabajo y fuente de ingresos

regatear: mover un balón de baloncesto hacia adelante botándolo en el suelo

resistencia: tener energía y fuerza

roller derby: un deporte que se practica con patines de ruedas

sacrificio: el hecho de dejar de hacer algo importante

salto: un acontecimiento de gimnasia en el que el atleta corre por la pista, salta y se gira sobre un obstáculo acolchado

torneo: competición deportiva en la que los atletas juegan una serie de deportes

tutores: profesores particulares

yoga: un ejercicio que desarrolla el control de la mente y el cuerpo

Índice

agentes, 40

almohadillas de placaje, 25

Anton Ohno, Apolo, 38–41

aros, 11

baloncesto, 15, 28

balonmano, 24

barra de equilibrios, 10–11

barra elevada, 11

barras, 10

barras asimétricas, 10–11

barras paralelas, 10–11

béisbol, 7–8, 28

bolos, 24

Brasil, 4

calorías, 25

capacidad, 32

capacidad pulmonar total, 18

carrera, 28

chaqueta de atleta, 16

China, 4

ciclismo, 34

Comaneci, Nadia, 11

competidores, 6

confianza, 6

coordinación, 34

cronómetro, 20

Cuba, 26

curling, 24

dedicación, 28

división, 7

Doby, Larry, 6

ejercicios cardiovasculares, 32

ejercicios de suelo, 10–11

encuentros, 21

entrenadores, 37

entrenamiento, 5, 18, 20 23–24, 28, 32, 34, 36, 40–41

entrenamiento de fuerza, 20, 32

Equipo de estrellas, 7

esgrima, 30

esquí, 31

Estados Unidos, 26

estilo de braza, 23

estilo de espalda, 22

estilo libre, 22

estilo mariposa, 23

fútbol americano, 24–25, 28

gimnasia, 10–12, 39

golf, 24, 28

internacional, 7

japonés, 26
kart, 34
liga infantil de la Serie
    mundial de béisbol, 7
lucha, 28, 30
motocross, 34-35
nadadores, 18, 20, 22–23,
    28
necesidades especiales, 20
olímpicas, 11–12, 18–19,
    21, 26–28, 30–31,
    38–39
patinaje de velocidad, 31,
    38–41
patinaje sobre hielo, 31
Phelps, Michael 18–19, 21
polo acuático, 21, 28
potencia, 32, 34
potro, 10–11
reportero, 40
resistencia, 32
roller derby, 24
Roy, Gabe, 38

Rumanía, 11
sacrificio, 13, 28, 40
salto, 10–11
snowboard, 31
Sunday, Billy, 7
tenis, 28, 32–33
tiro con arco, 30
torneo, 7
trapecistas, 12
viajan, 8
vóleibol, 26–27, 28
Walsh, Kerri, 27
Williams, Serena, 33
Williams, Venus, 32–33
Wooden, John, 14
yoga, 32

Bibliografía

Bazemore, Suzanne. Soccer: How It Works. Capstone Press, 2010.

En este libro aprenderás sobre fútbol y el papel importante de las ciencias en el deporte. Se explica el efecto de la física, condiciones climáticas y más.

Berman, Len. *And Nobody Got Hurt: The World's Weirdest, Wackiest True Sports Stories*. Little, Brown Books for Young Readers, 2005.

Reirás mientras descubres las historias más graciosas e impresionantes en la historia del deporte.

Frederick, Shane. *Football: The Math of the Game*. Capstone Press, 2012.

Este libro habla sobre el deporte del fútbol americano y explica la importancia de las matemáticas para cada parte del juego. Fotos dinámicas y a todo color hacen que el libro sea excitante de leer.

Miller, Edward. *The Monster Health Book: A Guide to Eating Healthy, Being Active & Feeling Great for Monsters & Kids!* Holiday House, 2006.

Este libro explica lo básico acerca de la nutrición, el ejercicio y la salud. Te ayudará a comprender como hacer las elecciones más saludables y está repleto de hechos divertidos e interesantes.

Más para explorar

PBS Kids
http://pbskids.org/kws

Kids World Sports es un sitio web que contiene información sobre muchos tipos distintos de deportes y atletas.

Sports Illustrated for Kids
http://www.sikids.com

El sitio web de *Sports Illustrated for Kids* contiene historias, fotos, noticias y actividades acerca de tus deportes y atletas favoritos. También publican una revista.

Official Olympic Website
http://www.olympic.org

El sitio web oficial de los Juegos Olímpicos contiene noticias internacionales y acontecimientos relacionados con los próximos Juegos Olímpicos y de la organización en general.

Exploratorium
http://www.exploratorium.edu/explore/staff_picks/sports_science

El Exploratorium es más que un simple museo. Es una exploración continua sobre la ciencia, el arte y la percepción humana. Este sitio contiene una colección de enlaces sobre la ciencia de los deportes, desde el béisbol y el hockey hasta el skate y el ciclismo.

Acerca de la autora

Diana Herweck siempre ha estado interesada en las cosas que hace la gente, incluidos sus empleos. Trabaja como profesora y orientadora, ayudando a gente de todas las edades a decidir lo que quieren hacer cuando crezcan. Su deporte favorito es el béisbol. También le encanta trabajar con niños y pasar tiempo con su familia. Disfruta jugando con sus hijos, leyendo, escuchando música, viendo películas y las artes manuales de cualquier tipo, especialmente la creación de álbumes de recortes. Diana vive en el sur de California con su marido, dos hijos maravillosos y tres perros.